ハッピーエイジングのすすめ

高齢期こそ、元気で楽しく!!

本多虔夫

北辰堂出版

はじめに

私は一年前、『元気ですごそう高齢期』という本を上梓しました。長生きの時代、八十歳、九十歳の高齢期になっても積極的に生きた方がよい、病とはうまくつきあうのがよい、そして心をきたえれば、最後はおだやかにすごせるなどと書いたものです。

本を読んだ方からは、私の意見に賛同するという声が多くよせられ、私は大いに元気づけられましたが、出版元の北辰堂出版からも、私の考えをさらに多くの方に知っていただくには、同じ考えをすこし違った角度から論じた本をもう一冊書くのがよいとすすめられ、この『ハッピーエイジングのすすめ』を書くことにしました。

この本は○○をたべると長生きができるというような、長生きをする方法を論じたものではありません。幸せに長生きをするにはどうすればよいかを論じたものです。

これから私たちはもっともっと長生きするようになると思われます。外国の人も含めもっと多くの人が長生きするようになるでしょう。それに備えて体力、気力が落ちても、長く幸せでいられるにはどうすればよいかの議論は大いになされなければなりません。

この本が、私の前著とともに、その推進役をつとめられれば大変幸せです。

ハッピーエイジングのすすめ ●目次

装丁　新田純

第一章

今は二回の人生を生きる時代

一、第二の人生は自分らしく生きよう

次ページにかかげたのは最近の長生きに関する統計ですが、戦後の一九五〇年代から二〇一四年まで、我が国の平均年齢は男女とも三十年以上長くなったのです。六十数年前はわずか五十年と短かかったのですが、今は八十年ととても長くなりました。

人生を小児期、青年期、壮年期、高齢期と分けるとすると、長生き時代となった今は高齢期（六十歳あるいは六十五歳以降で、定年や子離れをした後の時期を考えています）が昔に較べ二十年、三十年と長くなったのです。ですから高齢期になっても、昔のように隠

居するのでなく、高齢期を第二の人生と思って、「新しい出発をしよう」と思う方がよいと私は思うのです。今まで幸福な日々を過ごしてきた方も、あるいは不運な目に何回もあった方も、この際、前の人生は前の人生として脇に置き、別な人生を生きると思った方がよいのです。

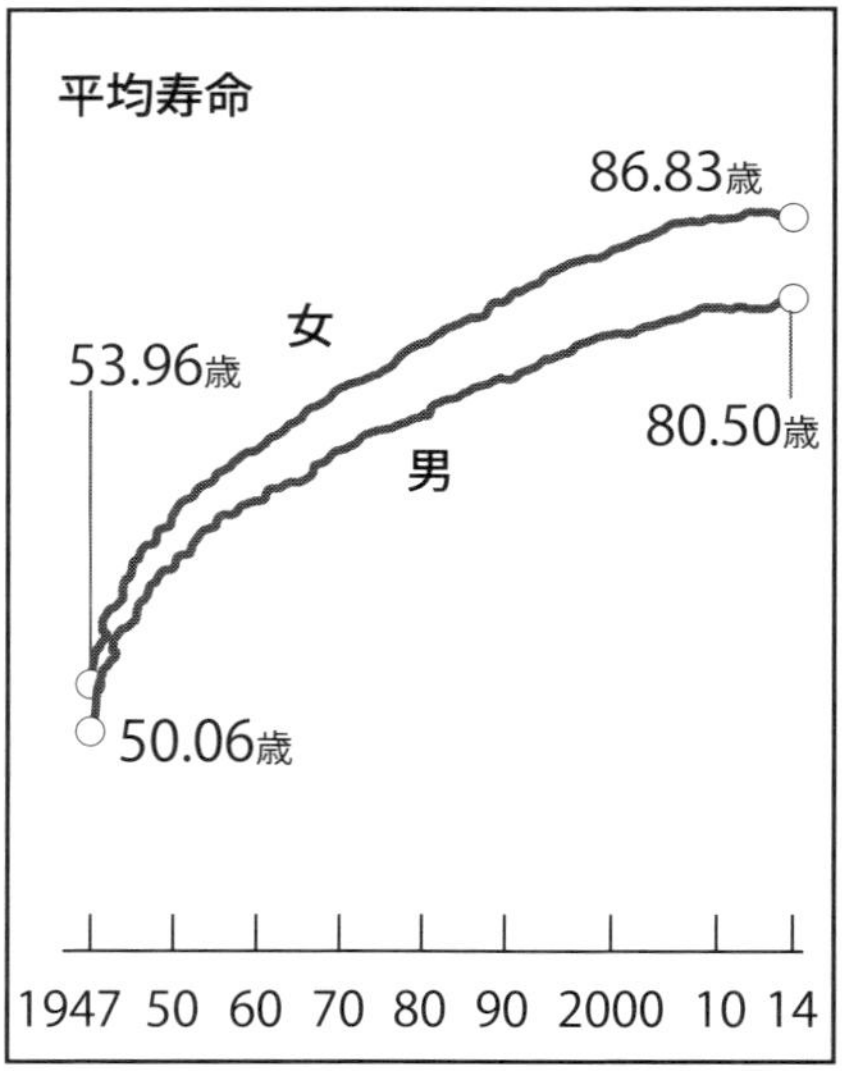

私も医師として、病院に長く勤めましたが、定年後はのんびりし、週三日くらい、どこかの病院か診療所を手伝うくらいにしようと思っていました。

しかしながら、そういう条件で働かせてくれる所はまずなく、たまたま精神病院の院長をしていた友人が病院を手伝ってくれる内科医をさがしている、と聞いたので、「私ではどうだろう」と申し出ました。院長はもっと若い人を考えていたらしく、すぐには返事をくれませんでしたが、若い人が見つからなかったようで、しばらくして「ではやって欲しい」という事になりました。話し合いの末、週四日働くという予想以上に忙しい生活を続ける事になってしまいました。

しかし、新しい職場では新人であり、周りの人も今まで全く知らなかった人たちですから、すっかり新しい気持ちになり、若い同僚や患者さんたちにも今までと違った接し方をしている自分に気づくようになりました。長く同じ職場にいた間に身につけてしまった、色々のしがらみから解き放たれ、学校を出たばかりの無垢の自分に戻ったような感覚で、また医師として初めからやりなおそうという気持ちになったのです。

それから今に至るまで十数年、第二の人生を生き続ける事になったのですが、定年後早く働くのをやめてしまった知人・友人らの何人かが生きる目標を失ったように元気をなくしたのを見ると、あの時、自分は働き続けてよかったと考える事が少なくありません。

六十代になって、やっとゆっくりできると思ったのにと、また仕事をする事に抵抗を感じる方は多いと思います。しかし今度は、今までのように家族のためにとか、会社のために働くというのではなく、自分の元気を維持するために働くのです。ですから自分の心がみたされるような、好きなことを、あるいは好きなようにやるとよいのです。

私は病院の勤務と並行して日野原重明先生の仕事を手伝って、医療講演活動をしたり、本を書いたりして、正しい健康知識の普及などに努めていますが、こういう活動の中でいろいろユニークな第二の人生を過ごしている方とも知り合い、視野を広げる事ができました。

とくに自分の生きがいとして小さいビジネスやボランティア活動をやっておられる方がたには、良い印象を受けました。

ある八十代の男性は大きなオフィスビルの中の一室を六十代の女性とシェアーして事務所として使い、男性は出版社の手伝いをして原稿を書く、女性は諸会社に出かけて行って社員教育のための講演をするなどしているのですが、仕事を紹介しあったり、コンピューターを教えあったりで、高齢期をとてもうまくすごしておられると思いました。

一方、表立った社会活動をするのではなく、時間をかけて、スポーツ、芸事、研究、勉強などを深く究めるというような事も勿論よろしいのです。自分が長く興味や関心を持っている事柄について自分なりにさらに追及してみる、特にどこかで発表するなどの目的でなくとも、やってみると案外に発展するものであり、ぜひ考えられる事をお勧めします。

この場合も十年、二十年と長くやる覚悟で根気よくやる事が必要です。

高齢期ですから体が動かない、ものが覚えられないという事もあるでしょうが、それをのり超えて続けていく事が大事なのです。また一人だけでやるのもよいですが、グループに入ってほかの人と協力してやるのもよいと思います。

　高齢者はどうしても孤独になりがちですから、グループに出入りし、社会から離れない工夫をする方がよいかもしれません。

二、スローライフをめざそう

高齢期になると体は若いときほどすばやく動きません。これを逆手にとってスローライフをめざしませんか。早く行動すると他の人より有利になることはいろいろあります。しかし慌てて物を仕損じるということもあります。高齢期に入ったらむしろゆっくり考えゆっくり動き、確実にものを成し遂げる、そういうやり方がよいでしょう。

近頃、大企業の不祥事を聞いたり見たりすることが多いですが、急いで流行にのり収益をあげようとして、こまかい所まで目が届かなくなってしまうのではないでしょうか。また、早く早くという掛け声にのって、広い視野でものを見たり、長いスパンでものを考えることができなくなり、その場しのぎにすることが多くなっているのではないかと危惧しています。

高齢期に達する間にいろいろの経験をつみ、また人や事業の盛衰を見てきたものが、そのような傾向を、自らの行動で示し是正したいものです。

私は現役時代、家と職場の間をただ往復し、診療、学会活動、管理仕事に忙しくしていましたが、高齢期に入ってからは時間の余裕ができ、通勤の途中で富士山を眺めたり、市民の森の中で春は鳥、夏はセミ、秋は鈴虫らの声に耳を傾け、ときにはリスとにらめっこを楽しめるようになりました。

忙しかった若い時には想像もできなかった生活です。木々や田畑を眺めて、四季の移り変わりを感じることもできるようになりました。もともとスローな方でしたから、セカンドライフはすばらしいと思う毎日です。

三、家族を大事にしよう

高齢期に入ると子育ても終わり、夫婦共同の関心事が少なくなり一緒に家族を守ろうという気持ちがうすくなりがちです。とくに夫婦が別なことに興味をもち、それに熱中するようになると、高齢期が長くなっただけに、時間とともにだんだん距離が離れてしまいます。

そうなると一方のやっていることがうまくいかない時、あるいは健康がおかされた時、相手に助けてもらえなくなる、おいてけぼりにされることをよく見るようになりました。高齢期は初め元気でも時間がたつと、老いや病におかされることが多くなるので、いざとなったら夫婦で助けあうことを忘れてはいけません。
若い時何かあったとしても、それは新しい人生に入るときに水に流し、またべつべつなことをするとしても家庭はこわさないようにしないと、元気に高齢期をすごすことはむつかしいでしょう。そのためにも夫は妻を助け家事を十分にしなければなりません。妻も女性らしい、いたわりの心をいつまでも持ち続けることが必要です。

子供との関係にも十分配慮が必要です。いつまでも親の権威を振り回さず、また助けを期待しすぎないことが大事です。人生が長くなり、子供が十分人生経験をつんでいるのに、親もまだ元気という場合が多くなりましたが、いつまでも子供扱いにしていろいろ干渉すると関係が悪くなる心配があります。

私はつかず離れずを目標に、自分のことは自分でできるだけがんばってやる、それでもできない時には、子供でも丁寧に頼んでやってもらうようにしています。（もっとも子供は丁寧と思っていないかもしれませんが。）

いろいろ失敗して、子供に批判されるといい気持ちはしませんが、年上としてぐっとこらえ、おおらかに対応するよう努力しています。家族は見ようによっては邪魔な存在です。しかし天命によって結ばれた特別の存在であり、努力してでも良い関係をつくれば、お互いに強い味方になるでしょう。

第二章
高齢期の病気は老いと結びついている

一、高齢期の体と心の健康管理

長生きの時代になりましたが、高齢期に入ると誰もが病気になりやすくなります。六十年、七十年、八十年と長く体を使ってきているので、これはある意味では当然のことです。しかし、適切な管理をすれば、病気をおさえこみ長く元気に高齢期を過ごすことができます。それではどんな管理がよいのでしょうか。

まず健康管理の基本は良い生活習慣をまもることです。腹八分と三度の食事、定時の起床と適度の運動、節度ある飲酒がとくに高齢期では重要です。

それから怪我をしないように急がない、高いところに上がらないのも大事で、病気に比べて怪我は自分の注意でかなり予防できますから、とくに留意されるとよいと思います。この頃多いのは転倒による大腿骨の骨折です。普段からよく歩き足腰をきたえ、つまずいても転ばないようにするのがよいのです。

同じように血圧に注意すると、脳卒中や心筋梗塞を予防できますから、血圧がすこしでも高いようならばきちんと薬をのんで下げておくとよろしいです。

骨折でも脳卒中でも一度なると長い入院が必要ですし、歩くのが不自由になり生活が自由にできなくなりますから、注意に注意を重ねて十分に予防の努力をされるようおすすめします。

心の健康管理としてはまず第一に、動揺しない落ち着いた心を持つように普段から努めることです。

高齢期になると若い時のようにものごとをどんどんすることができません。話をしようとしても言葉がでません。歩いても足が進みません。食事中に皿をひっくり返したりします。電車をまちがえて約束の時間に間に合いません。それでも怒ったり、気落ちしたりしてはいけないのです。こんなことは年をとったから当たり前だ、と平然としているのがよいのです。

また、私はあまり欲望をふくらませず、節度ある生活をすることでも落ち着いた心は作られると思うのです。もっと便利な生活を、もっと長生きを、もっとお金をなどと際限なく欲をふくらませると、それだけ不安も大きくなり、おだやかな老後とはならないのです。

そして、苦しくても自分のことは最後まで自分でするという強い意志をもち続けることが大事なのです。人に頼めば楽ですが、自分で動いた方が体の健康にもよいですし、独立自尊の心を維持した方が心の健康にもよろしいです。

健康管理というと、血液検査や画像検査をどのくらいの頻度で受けるのがよいかという問題になります。私の基本的考えは、高齢期になったら検査を受けるのはほどほどにした方がよいということです。

ふだんから健康的な生活をしていれば、病気になるのではないかとびくびくする事はありません。毎日病院通いで忙しくするより、せっかく自由な時間がふえるのですから、自分がやりたいことに使うべきです。病気を心配しだすときりがありません。

今いろいろの検査ができ、あれもやらなければ、これもやらなければとたくさんの検査をやらなければならなくなるのです。その上検査では擬陽性ということが案外多いのです。

わたしも二十年前、大腸がんを心配してレントゲン検査を受けたところ、がんらしいからとさらに内視鏡やCT検査を受けるはめになり、結局、何もなかったという経験をしたことがあります。

でも病気は早期発見が大事ではないですか、といわれる方も多いと思います。

それは確かにそうで、やはり胃カメラとか胸レントゲンのように基本的検査は年に一度受ける方がよいと思うのです。

え、それでよいのという方も多いでしょうが、そういう機会を利用してかかりつけ医師に診察をしてもらうとか、相談するとかして、意思の疎通をはかり、自分とかかりつけ医が同じ方向に考えることを確認するのはよいことだと思います。

高齢になると検査を受けるのも楽ではありません。また危険もふえます。たとえば胸部ＣＴを受けると普通のレントゲン検査の数十倍の放射能をあびることになるのです。ですから慎重に考え、自分が納得できたら検査をうけるようにすることをおすすめします。

私の父は病院嫌いで、検査をほとんど受けることなく、九十七歳まで元気に暮らし、自宅で眠るように最後をむかえました。ハイテク医療なしでも、こういうように健康で人生をまっとうする人もあるわけですから、やみくもに早期発見、早期治療と神経を使う必要はありません。

二、長びく病気とのつき合い方

高齢期になると、とくに病気はなくても足腰がふらついたり、計算をするのが遅くなったり、物事に長く集中できなくなったりします。こういう身体精神症状は、最近フレイル（frail）と呼ばれるようになりました。

症状ばかりでなく、一人住まいであるとか、経済的にゆとりがないというような状態もふくめることが多くなりました。すなわちフレイルとは高齢期の、老衰を含むストレスに弱い状態、老いといってもよい状態をいいます。

高齢期の病気はこのフレイルと結びついていて長引くことが多いのです。肺炎など病気がなおっても、すぐはなかなか前の生活にもどれません。そしてまたほかの病気になったりするのです。

ですから、高齢期はあせらず、老いや病を友として仲良くしていこうと楽観的に考え、気持ちの上で老いや病に敗けないようにすることが大切です。

朝には定時に床をはなれ、パジャマを洋服に着がえ、三度の食事もするというようにされるのがよいのです。そうすると内臓（消化器、呼吸器、循環器など）も順調に動き、さらに体も動かすようにすれば筋力もそれなりに維持されるのです。

むかし手術や出産のあと、長く安静にすることがすすめられました。しかしその後、早く動く方が体力の回復が早いことがわかり、いま安静は重視されなくなりました。それと同じなのです。高齢期はとくに、安静にしているとフレイルが進みやすく、歩けなくなったり、転びやすくなるので、病気だからといっても適当な運動はやったほうがよいのです。

こういうように、高齢期に病気になったら、病気の治療とともに、フレイルにどう対応するかがとても大事です。私達は病気がなおったら病人はもとの状態にもどると安易に考えがちですが、病気は回復したがフレイルが進んで、とても帰宅してもとのように生活できる状態ではないということはよくあります。強い治療がされた場合はとくにそうです。それで病気は完全になおっていなくても痛みなどの症状がなくなったら、家へ帰るというようにするのがよい時もあります。

高齢者は長く病院に入っていたら、寝たきりの生活になりがちです。家に帰り、少しでも家事をやったりする方が元気がでる時がよくあります。

自宅近くにかかりつけ医をもっていると、こういうときに役立ちます。病院の医師は患者の退院時には、退院後診療してくれる医師に情報提供書を書くことになっています。それをかかりつけ医に渡せば、かかりつけ医は病院の医師と連絡をとりながら、今までと同じ方針で診療をしてくれます。

我が国ではまだかかりつけ医を持っている方は少なく、かかりつけ医と病院医師の間の連携はかならずしもうまくいっていませんが、それでもそれをよくしようという努力が多くなって随分改善されています。

もっと多くの方々がかかりつけ医をもてばさらにこの状況は改善

されるでしょう。今は在宅医療、訪問看護などの制度も定着してきているので、介護する人が少ない家庭でも、病人が望めば自宅で療養することを考えてもよいと思います。

最近、病気の概念がかわり、以前は病気とは考えられなかった状態を病気というようになりました。例えば食後の胸焼けは一時的な症状で病気とはされていませんでしたが、今は胃カメラでみると食道に炎症がみられるので逆流性食道炎という病名がつけられ、病気とされるようになりました。

これに対する薬剤が開発され、逆流性食道炎の名がテレビでもくりかえし聞かれるようになり、今では一般の方が、自分は逆流性食道炎の症状があるから薬を処方してほしいといって来られることが多くなりました。

このような例は少なくなく、内科、外科、整形外科、精神科、婦人科、耳鼻科など多くの科で、このような新しい病名を聞くようになったのです。

その中には症状はあるが、検査では異常が見つからないもの、あるいは逆に検査で異常があるが、症状はないものなどあり、また早期のがんのように今は症状はないが、放置すると症状がでてくる可能性が大きいもの、あるいは反対に検査の異常は放置しておいても心配のないものなど、いろいろあり、医師としても何もせず経過をみるべきか、もっと検査をするべきか、あるいは薬を処方すべきか、処方するならどのくらいの期間続けるべきか、などこの問題には随分悩まされます。

何もせずに悪くなると問題ですが、また検査をしたり薬を処方するとなると、やたらに検査をすることになりますし、たくさんの薬をのませてしまうことにもなり、これも問題です。

とくに高齢期はフレイルもまざって、いろいろの訴えが聞かれるようになるので対応する医師は大変です。これからますます新しい検査、新しい薬がでてくるでしょうから、この問題はさらに大きくなると考えられます。

私は内外の良き先輩を見習い、検査と薬は必要最小限にという医療を五十年以上やってきましたが、それでも多くの方の信頼を得てきましたし、満足な実績をあげることができました。

我が国では世界に誇れる医療保険があり、そのおかげで検査や薬を安い価格で受けることができ、どうしても多くなりがちです。しかしこのままでは保険財政はパンクするでしょうし、そうなれば必要な検査、薬も手の届かないものになる危険があります。この点からも、みんなでよく考える必要があります。

病院では病気の治療が終わったら退院が求められます。その時まだ体力が十分にもどっていないと、長期入院が可能な療養型病院や高齢者施設に紹介されることになります。適当な病院や施設に行ければよいですが、なかなかむつかしいことが多く、自分が気に入らない所でも行かなければならなくなります。その時にもう少し健康に注意していればよかったと後悔される方が多いのです。

後悔先にたたず、とならぬよう健康なうちから長く健康で高齢期をすごせるよう努力されることをおすすめします。

【フレイル】

フレイルとは英語のfrailからきた言葉です。もともと虚弱という意味ですが、今は年をとり筋力が低下した状態などを表すのによく使われます。

バランス機能も低下して転びやすい、人の名をすぐに思い出せない、集中力・気力がなくなった、などもこの言葉に含まれますし、夫や妻をなくし頼りにする人がいない、不便な所に住んでいて買い物も簡単に行かれないなどの社会的虚弱状態も含まれるのです。

要するに体力・記憶力などの低下に加えてサポートもない環境の中で生活している、ストレスが加わると生活ができない怖れがある状態をいいます。老いて弱い立場にたたされているということで、さらに病いが生じた場合には、医療側が十分なサポートをしながら病気の治療をすることが求められるわけです。この点を医療側も、医療を受けてる側も十分理解し、自宅に近いクリニック・医院をえらぶ、検査や治療も強くないものを選ぶなどの配慮が必要なのです。

薬の使用書には、高齢者には量を減らすこと、使用しないことなどと記載されていますが、年齢にだけ留意するのでは不十分だと思います。今は高齢になっても体力・気力が充実している人もいますし、逆に弱って何とか生活している人もいるわけです。それで、フレイルの程度、すなわち老化の程度を医師・病人ともによく把握し、それに合った医療となるよう配慮する必要があります。

三、科学は万能ではない

産業革命、ダーウィンの進化論と続いた十八世紀、十九世以後、自然科学の進歩はすさまじい勢で続き、医学の分野でももうすぐ、治せない病気はなくなるのではないかと思わせるほどになっています。

しかし自然科学が、とくに我が国で過大に評価され、臨床医学の場で人間性が軽んじられる傾向があることを私は危惧しています。カナダで生まれ米国、イギリスで活躍した内科医師ウイリアム・オスラーは十九世紀にすでに、医療は科学プラスアートだと看破していいます。自然科学だけではないのだといっているのです。

今は多くの人、医学関係者もそうでない人も、血液検査やレントゲン検査をすればすべてがわかると思っていますが、そうではないのです。ただ検査の結果ばかりをみて病人と話もしないのでは、病気を治すことができても、病人をなおすことはできません。検査の結果を正しく判断せず、まちがった結論に導いてしまうことが往々にしてあるのです。

また医療には、常に医療者が病人やその家族をサポートする姿勢が必要ですが、進んだ科学があればそんなことは必要無いと思う人が、社会全体にふえていることは問題です。医師をえらぶ時は、やたらに検査をすすめたり、薬を処方する医師でなく、よく話を聞いてくれる医師を選んで話をすることが大切です。検査をすすめられたらそれで何がわかるのか、薬は何にどのくらい効くのかを聞き、自分も納得すれば、医師を信頼してしっかりついていくことができるでしょう。初めから先生に全てお任せしますでは、本当にあなたに必要な検査や治療は行われないでしょう。

もちろん医師も忙しいですから、十分、話してくれない時もあるでしょうが、医師も病人も互いにもっと話しあう努力をすべきです。日本では外国にくらべて診療時間が少なく、それが十分な対話のさまたげになっていると思いますが、病人がよく話を聞きたいからべつに時間を取ってほしいといっても問題はありません。それを拒否するような医師はいないと思いますが、もしいれば、その医師にはかからないほうがよろしいでしょう。

四、自分の望む医療、自分の状況にあった医療を受けよう

いま医学が進歩して、いろいろな検査や治療ができるようになりました。ですから病気になったら、自分にあった医療をやってもらえるように、医師にいろいろと注文をだすとよろしいです。自分は痛みや苦しい検査はのぞまないとか、私は年をとって体力が残っていないから、体力を消耗する検査や治療は避けたいとか、手術でなくレントゲン治療をしてほしいなどです。

医師は病気についてはよく知っていますが、病人についてはよく知らないものです。しかし高齢者は老いによる変化（フレイル）が

あったり、ほかに病気を持っていたり、ほかに薬をのんでいることも多いのです。そういうことをよく話し、万が一にもフレイルで弱った高齢者に強い薬が処方されたり、相反する作用の薬が同時に処方されたりしないように自分でも注意が必要なのです。

「私は一人住まいなのでこれ以上体力を失い家事ができなくなったら困るのです」などと話して、十分な配慮を医師にも求めた方がよろしいです。また認知機能がだいぶ衰えたと自覚していたら、それを話して、それがさらに進まないように、大きな負担がかかる治療はさけてもらうようにしないと、今までなんとか自立した生活ができていたのに、それができなくなる心配があります。

病気の治療は大切です。でも、自立した生活ができなくなることも、その個人にとっては大きな損失であることを忘れないでください。

「安楽死の法制化」も検討を

無職　深津　定　八十一歳
（大分県臼杵市）

私は週に二回デイサービスに通っています。若い介護士はたいへんだなぁと思うことにもかいがいしく働いてくれます。時には見当違いと思われることに力を入れて、ありがた迷惑のこともあります。

私たちの一日には健康体操というものがあって、３０分みっちり体操をします。健康で長生きを願ってのことです。でも、老人にとって健康で長生きが果たして切実な願望かどうか疑問があります。

また、長生きすることが必ずしも健康とは限りません。寝たきりの人も多いと思います。そういう場合、長生きははた迷惑以外の何ものでもなくなります。一般的にはそうは口にしませんが……。

元気で長生きはスローガンとしては美しい言葉です。言葉として美しいからといって、世の中の実態に合わないことを、あまり大声で唱道しないほうがいいと思います。

政権の介護政策には「安楽死の法制化」も検討してもらいたいと思います。

前頁は二〇一五年十月二十四日に毎日新聞に掲載された投書です。

海外では、多くの国で安楽死が法制化されていますが、カナダでは最近八十パーセント近くの国民の支持をえて法制化されたと報じられています（ニューイングランド・ジャーナル・オブ・メディシン　二〇一五年五月二十八日号）。

医療の進歩とともに、その恩恵を十分に受けられない人に対しては何ができるのか、みんなで考えていかなければならない時代になっているのです。

第三章

体力の衰えは、心を成長させて補おう

一、高齢期は心をきたえる良い機会

今は年をとっても若さを維持したいとサプリメントをとったり、体を動かしたりする人が多いですが、体だけでなく心にももっと注意をはらい、高齢期のもろもろの試練に敗けないよう心をきたえることが必要です。

その第一歩は、日常の生活のなかで腹八分をまもり、食べすぎない、よく歩く、またリズムある生活をするなど食欲や怠け心に敗けず、良い生活習慣を守ることです。そして見栄や物欲をすて節度のある、シンプルな生活をすることでしょう。さらに教会、お寺、神社で話を聞いたりすると、あらためて私たちは、人生のなかでいかに多くのあやまちをしているか気づかされます。また私たちは死後どこへいくのか考える機会にもなります。

私は熱心なクリスチャンであった祖母の影響を受け、子供の時にキリスト教会に出入りしていましたが、大学の医学部をでて米国に留学していた時に洗礼を受け、それから礼拝に参加するようになりました。

しかしその後、忙しい日常にふりまわされて教会を離れてしまいましたが、父の死後、また定期的に礼拝に参加するようになりました。

ちょうど七十歳になった頃で高齢期に入って間もなくの頃でした

が、今まで長く一緒に生きてきた人たちが、一人、二人と周りからいなくなってしまう時期で、このころにまた、亡くなった父に教会へ導かれたのはよかったと思っています。

それから高齢期の生き方を深く考えるようになり、さらに日野原重明先生と接する機会もふえ、このような本を書くことにもなりました。

心は、他の生物と違って人だけが持っているものです。

心は脳の働きですが、しかし、一般の脳の働きとはちがうと私は思うのです。それは多くの人が感じている事であり、それですから、心は英語でもｂｒａｉｎとは言われずｈｅａｒｔ（心臓）と言われるのです。

また心は年をとっても体力や知力ほど衰えない、いやむしろ人生経験を深めれば成長すると思うのです。よく一生をかけ仏教の修行をして悟りを開いた高僧の話を聞きますし、キリスト教でも法王は高齢者の中からえらばれます。それはまさに年とともに心は大きく育つことを示す好例と思うのです。宗教家とちがって、人生全てを心の成長のためにささげるわけではない私達でも、長生きできたことを神に感謝し、前向きな心を持ち続ければ、高齢期の不安や寂しさをのりきることができると思います。

二、長生きを感謝しよう

私は、元気で高齢期をすごすために一番大切なことは、長生きしてよかったと、長生きを前向きにとらえることだと思うのです。

いまの時代、長生きするのは、長生きしたいと思う人だけでなく、ほとんどの人が好むとこのまざるとにかかわりなく長生きするのです。良い医療を皆が受けられるようになりましたし、栄養もよくなりました。生活も便利になって過酷な労働をする必要もなくなったのです。

そういうこともあり、人によっては長生きを当たり前と思うようになりました。しかし以前よりずっと少ないとはいえ、若くして無念の死をとげる人は今でもあるのです。また日本ほど経済的にめぐまれていない国では、その方が多いのです。

私も八十数年の人生をかえりみると、川でおぼれそうになったり、交通事故を起こしそうになったり、一歩間違えばそのまま死んでいたということも何度か経験しました。ストレスで死に追いこまれるのではないかと思うこともありました。しかし幸運にもそれらの試練をのりこえ八十年以上と思いもかけず長生きしているのです。

そしてそのおかげで多くの経験をし、多くのものを見てきました。家族とも長く良い時間をすごすことができました。ですから私にとっては、長生きは感謝以外のなにものでもありませんし、その感謝の気持ちをもって、高齢期のいろいろな困難ものりこえていきたいと思っています。

三、信仰は高齢期をよく生きる助けとなる

私は、熱心なクリスチャンであった祖母の影響を受け、子供の時にキリスト教教会付属の幼稚園に通い、その後もずっと神を意識し、何か不安なことがあると神へ祈るというような生活をしてきました。神の存在を信じてというより、ただただ神を頼って生きてきたわけです。

私が子供の時に戦争が始まり、子供でも空襲にまきこまれ死んだり、親をなくして助けてくれる人もないままに、昼間は物乞いをし、夜は道路の隅で横になるのを見ていましたから、いつ自分もあのよ

うになるかわからないと不安は常にありました。

さらに、米国とソ連が激しい冷戦を繰り広げ、朝鮮戦争、キューバ危機、ベトナム戦争などが続き、今から考えても、いつ世界規模で核戦争がおこるかわからないような恐ろしい時代でした。

ですから私が神を頼り、心の安定を保とうとしたのは当然のことだったと思います。

そして、自然の流れのままに二十五歳の時にアメリカで洗礼を受け、さらに強く神の存在を意識するようになりました。日常生活に追われ、教会の礼拝を長く欠席する時期もありましたが、神に頼る生活はいつも前向きの気持ちを持ち続けたいという私の願いをかなえ、満足な人生を送ってくることができました。

いま私も年齢を重ね、体力・気力の衰え、長く一緒に生きてきた家族・友人・知人との別れを経験し、自分自身弱い立場に立つものの一人となりましたが、長く頼り親しんできたキリスト教が強い心の支えであることを感じ、このような心の支えをもつ幸運を日々感謝しています。

週一回でも壮厳な雰囲気の礼拝堂のなかで、美しいオルガンの響き、無邪気な子供たちといっしょに歌う賛美歌を聞くと、本当に心が洗われ、きよめられ、しなやかにされるように感じます。また、いろいろな困難を乗り越え、前に進みたいと力があたえられるのです。

読者の中には、キリスト教以外の宗教へ導かれている方も多くおられると思います。宗教は科学的でないと否定されるかたも少なくないでしょう。しかし、自然科学だけでは心の平安はえられないのです。神とはどんな存在なのか、誰も目にしたことはなく知りません。しかし、それだけに自分はこう考えるというものを持ってよいと思います。私は、神とは人間の善意ではないかと思うのです。

高齢期は天国への入り口です。高齢期に入ると、多くの人がこれからこの世の人生を閉じ、できるだけおだやかに天国へ生きたいと望むものです。しかし、一度も経験のないことだけに、どうしたらよいか悩むのです。

誰にも、いつかは最期がきます。それまでよく考え、良きガイドを見つけ、その導きに従うのがよいのではないでしょうか。

四、高齢期をしっかり生き抜いた父

私が診療した患者さんたちのなかにも、いろいろな困難をのりこえて、高齢期をしっかりと生き抜いた方は少なくありませんでしたが、そのなかでは一緒に長く暮らし、その生活ぶりもつぶさにみることができたということで、私の父のことを書かせていただきたいと思います。

父は神戸の出身で、大学を出た後、電力会社に長く勤めました。四十歳代の時、戦争が始まり、それから戦後にかけて六人の子供を食べさせたり、学校に行かせたりして苦労しましたが、健康にめぐまれ八十歳まで働き、晩年は自宅でおだやかな日々をくらしました。

自分のことは自分でやる、皿洗いとか家の周りの掃除も率先してやるような人で、一緒に住んでいた私の妻が大きい荷物をもっていると、奪うように自分でもつというくらい、老人扱いをされるのを嫌がる人でした。私には時々頭痛がするから診てほしいなどと言いましたが、病院嫌いで薬も飲みたがりませんでした。

一度レストランで姉の家族と一緒に食事をしていて倒れ、あわてて私に電話してきた姉の話では意識を失い、心拍も停止したのではないかと思うのですが、私がかけつける前に息をふきかえし、元気に家に帰ってきました。それでも病院へ行かず今までどおりの生活を続けていました。

よくふうふういいながら風呂掃除をしているようでしたが、さすがに九十歳後半になると家からでることも少なくなり、テレビの前に一日座っているような生活でした。それでも亡くなる一か月前には、家族と一緒に歩いて近所の店に食事に行きました。最後の十日くらいは寝たり起きたりになり、冬の寒い朝、ベッドの上で静かに息をひきとりました。

ときにはいま何月だかもわからないようで、質問などしていましたが、物忘れを気に留める様子もなく、認知症のラベルをはられずにすんだことは幸せだったと思います。またレントゲンなど検査していればがんでもみつかっていたのではないかと思いますが、そんな心配をまったく口にすることもなく、入院せずに自宅で天寿を全うできたのも心が強かったからだと思います。

向学心も強く、米国の雑誌をとりよせよく読んでいたので、考えは進歩的だったのだと思います。子供としてはとても尊敬できる父親でしたし、また主治医としてはとてもうまくサポートできたと誇りにできる患者でした。

第四章

私が診た患者さんのさまざまな生き方

（不治のがんと診断されての、
私の生き方も含めて）

症例一、藤井健介（仮名）さんの場合

藤井健介さんは元来健康な人でしたが、八十歳を過ぎた頃から物忘れがひどくなり、今言ったこともすぐ忘れるということが多くなり、それまで勤めていた会社顧問の仕事もやめざるを得ませんでした。

自宅では妻の家事を手伝ったり、一緒に買い物に行ったりの生活で、新聞を読んだりテレビを見たりもしていましたが、あとで聞いても内容はほとんど覚えていませんでした。

そんなことで数年が経ちましたが、だんだん夫の世話が妻の重荷

になり、夫は高齢者施設に入ることになりました。

施設では皆と歌を歌ったり、習字をしたりの生活で、ほかの人がよく動けないと助けを呼んだりで一見おだやかな日々でした。

ときどき自分の大切なものが入ったカバンがなくなった、誰かが盗んだのではないか、ときつい顔をすることがありましたが、昔よく歌っていた好きな歌を歌わせると、すぐに機嫌をなおしていました。

そんなある日、ベッドから立ち上がった時に転んでしまい、大腿骨を折り整形外科病院に入院、手術後は車椅子生活となり施設に戻りましたが、それ以来ベッドで寝ていることが多くなり、特別養護老人ホームに移り、三ヶ月後に肺炎で亡くなりました。八十九歳でした。

この方は物忘れがひどい状態でしたが、普段は周りの人と協調して生活もできていたので、加齢による物忘れといえないこともありません。

骨折したのを契機として体力もなくなり、肺炎で命を落とされることは高齢者には昔からよくあることですが、今は抗生物質がよく効くので一度肺炎になってもすぐ治り、それを繰り返し経過が長くなることが多くなりました。

症例二、田中みずえ（仮名）さんの場合

田中みずえさんは七十八歳の時、定期検査で便に血が混ざっていることがわかり大腸検査を受けましたが、腸内がなかなかきれいにならず、繰り返し浣腸が必要で体力を消耗し、二日間入院することになってしまいました。

出血の原因になったポリープは無事切除されましたが、この後から気力がなくなり、今までできたひとり住まいができなくなり老人ホームに入りました。

しかし、そこでは医師、ナース、介護スタッフらの適切な支えを

受け元気を取り戻しました。

そして、友人らと外出したり、ホームで新しい友人をつくったり、楽しい生活を送れるようになりました。四年後に心臓発作で眠るようになくなりました。

この方の場合は年をとり体力をなくし、いわゆるフレイルの状態で、体に負担になる検査を受け、それを機に自立した生活ができなくなったわけですが、老人ホームを自分の新しい居場所として、亡くなるまでうまく生活されたという点で理想的な高齢期生活をされたということができるでしょう。

症例三、清田一郎（仮名）さんの場合

八十三才の清田一郎さんは健康に恵まれ、今まで病気らしい病気は一つもしたことがありませんでした。多少の物忘れがあり、三年前に自身が経営していた店を息子さんにゆずっていましたが、毎日店に現れ商品を運ぶ手伝いなどをしていました。

その清田さんが、老人健診で胃がんと肺がんがあるといわれたのです。

気丈な清田さんは「がんならば取ればよいのでしょ」と、すぐに入院予約をし、まず胃がんを内視鏡で切除してもらい、二週後には

肺がんの手術を受けました。

ところが手術後、とんちんかんな会話をするようになり、退院後は店に行かないどころか、店のことをすっかり忘れ、ただ落ち着きなくうろうろするような生活になってしまいました。

奥さんは心臓が悪く、動くとすぐ息切れがするので介護ができず、清田さんは認知症として入院し、一年後に亡くなりました。

清田さんの場合、症状もなく元気だったので、手術を受けなければもう少し長く、清田さんらしい生活をすることができたかもしれません。

症例四、林直子（仮名）さんの場合

林直子さんは七十一才の主婦で、一年前に夫に先立たれましたが、一人で家事をこなし、元気に暮らしていました。しかし、歩行中くり返し転ぶようになり、近くに住む子供が心配するようになりましたが、本人は年のせいだからと医師に診てもらうことを拒んでいました。

しかしある時、買い物中、店員と話している時に顔の左半分と左手にけいれんが起こり、店員が驚いて救急車をよんだのでそのまま入院することになりました。

そして検査の結果、脳内に神経膠腫という腫瘍があることがわかったのです。

ただ、林さんは手術を希望しませんでしたし、主治医も手術をすれば脳をかなり傷つけることになると考え、けいれんを抑える薬だけで経過をみる方針となりました。

けいれんもおさまり、林さんは今まで通りの生活に戻り喜んでいましたが、通院していた病院で医師が交代し、新しい医師は、腫瘍が大きくなっているから一部でもとる方がよいと考え、本人、家族を説得し手術を行いました。

ところが手術後、林さんは麻酔から目を覚ますことなく、いわゆる植物人間となってしまいました。

話もできず食べることもできず、ただ鼻孔から入れた胃チューブを通して栄養食が注入される状態で四ヶ月生存しましたが、最後は肺炎で亡くなりました。

林さんの場合、脳腫瘍の手術を受けなくても、結局は寝たきりの状態になったでしょうが、もっと長く自分のことは自分でできる期間が長く続き、寝たきりの状態は短く済んだのではないかと惜しまれます。

症例五、佐藤文夫（仮名）さんの場合

佐藤文夫さんは六十才で定年になった後、間もなく脳梗塞のため右手足が麻痺し、言葉を話せなくなってしまいました。

高血圧で薬を長く飲んでいましたが、忘れて飲まない日も多かったようです。

しかし、発病後は薬をきちんと飲み、リハビリテーションにも一生懸命にはげみ、左手を使って一人で食事をしたり、トイレまで歩いて行けるほど、回復しました。

ところが今度は奥さんが肺がんのために肺手術を受けなければな

らなくなり入院、その間佐藤さんは高齢者施設に一ヶ月入院することになりました。

施設では、転ぶ心配が多いと歩行は禁止され車椅子生活となり、食事も飲み込みが悪いとおかゆになってしまいました。

奥さんは手術後、息が切れるようになり、夫の介護もできず気力がなくなり、一人生活も困難で、結局夫とは別の高齢施設に入所しました。お二人はその後別れ別れになり、めったに顔を合わすこともできないまま、佐藤さんは一年後、奥さんは三年後に亡くなりました。

奥さんの肺がんが老人検査でみつかった時、奥さんはそれまで何の症状もなく相変わらず元気だったので、それほど手術を希望しませんでした。

どうして奥さんのこの希望を受け入れ、ぎりぎりになるまでお二人が自宅で過ごせるようにできなかったのか、あるいは佐藤さんがもっと真面目に血圧を下げる薬を飲んでいれば脳梗塞にならなかったのではないかと、少なくともこの二点で悔やまれるケースでした。

私の場合　がんとの出会い　二〇一五年七月

最後になりますが、私の体験談に少しつきあっていただきたいと思います。

私は東京港区にあるライフ・プランニング・クリニックで毎年一回人間ドック検査を受けてきました。

それはごく簡単なもので、体重、身長の測定からはじまり、視力、視野、聴力の検査と続き、胸レントゲン、心電図、血液、検尿、検便などがあります。

ここで一番時間がかかるのは腹部の超音波検査です。十分から十五分位です。そして最後に、ここのクリニックの所長である内科医の、ていねいな触診、聴診があって終りとなります。

シンプルですが、苦痛がない、危険がない、しかもていねいにやってくれるので、結果は信頼性が高いのです。

毎年、夏がすいていて予約しやすいので、七月、八月に申し込むようにしていましたが、今年も七月の初め、検査を受けました。

朝食を抜かし朝八時過ぎに自宅から地下鉄で二十分程のクリニックに到着、例年の如く順調に検査を次々と受け、全て終わって帰ろうとしていたところ、顔見知りのナースが、

「ちょっと結果を聞いていらしてください」

と、声をかけてきました。

別にいま聞かなくても後で送ってもらったものを見るからいいのにな、と思いながら、それでも特に用もなかったので医師の説明を

聞く事にしました。

彼は一項目ずつ正常である事を説明しながら最後に、

「腹部超音波検査に、今までなかった影が膵臓にあります。放っておく訳にもいかないので、どこかの病院の消化器科で診てもらってください」

と、穏やかな口調で言いました。私はちらっとがんかなと思いましたが、何も症状もないし、まさかという気持ちが強く、このまま放っておこうかなとも思ったのです。

でもせっかく書いてくれた紹介状であるし、消化器科の専門医なら、毎年一回胃カメラをお願いしている良い先生も知っているしと思い直し、数日後にその医師のクリニックを訪れました。

いつも落ち着いているその医師は超音波検査でとった腹部の影を見て、

「ふーん、何か小さ腫瘍があるみたいですね」

という事でした。本当に、会った医師はみんな私を気遣い、がんという言葉は使いませんでしたが、それでも私に『がんですよ』と知らせてくれたと思いました。

それで私は、

「そうですか、でも私は膵臓がんで死ぬなら幸せだと思います。どっちかというと割合経過が早いですものね。私は積極的な医療は何も受けないつもりです」

と言うと、消化器科の医師は、

「そういう事を言われる方は時々あります。でもだんだん大きくなると不安になるものですよ。あなたは小さいうちにがんが見つかったんだ。幸運なんですよ。手術を受けた方がよい。きっとうまくいきますよ」

「そうですか。それで手術を受けるとするとどのくらい入院が必要なんですか？」

「一ヶ月位です」

「ええっ一ヶ月も、今はどんな入院でも短くなっているので、二週間位かと思いました」

「いや、膵臓がんの場合、膵臓だけでなく胃、十二指腸、胆嚢など全部を取らないといけませんからね」

「そんなに取るんですか…」

と私は、多少は手術を受けるかな、という気持ちになりかけていたので暗澹とした気持ちになりました。


八十一歳でも、私はまだそれなりに元気でした。往復三時間かけ、東京から横浜の病院に週四回勤務していますし、朝九時前から夕方五時過ぎまで忙しく働いても、そんなに疲れるとは思っていなかったからです。通勤途上あるいは広い病院でもできるだけ多く歩くように心掛け、持久力には自信がありました。まだまだ五年、十年はこの生活を続けられるのではないかとも考えていました。

もちろん日によっては、ふうふうする事があり、このまま倒れてしまうかなと思う事もありましたが、そうなるのだったらそれでもよい、欲は出すまいというのが私の長年の考えでした。

それでも、年とともに少しずつ耳は遠くなり、目もはっきりしなくなり、記憶力も落ち、フレイルが進んでいるなとは感じていたので、これで一ヶ月も寝込み、食べたい物も充分に食べられない生活が続くと、私は今のように積極的な生活はできなくなるでしょう。

「私は何も治療を受けず、このまま様子を見ます。もう充分に長生きしたので、がんが拡がってそれで死ぬならそれでよいです」

と、私はもう一度医師に言いました。

「いやいやそれはいけない。早く見つかってあなたは幸運なんです。手術をお受けなさい。私が良い医師を紹介するから」

「そうですか。それではお願いします。でもその医師は話しやすい方なのでしょうね。こちらの意見もよく聞いて下さる方なのでしょうね」

「大丈夫。とても紳士的な医師で、膵臓がんを専門にしておられます」

と、すぐにその医者に紹介状を書いて下さいました。

その後、何かと時間をとってしまい、自宅から歩いて15分ばかりのNTT関東病院にその外科医師をたずねたのは九月の初めでした。

外科外来の診察室で初めてお会いした医師は、めがねをかけたやせ型の方で、もの静かに紹介状をよんだり超音波の写真をみながら、

「腫瘍は膵臓がんだと思います。大きさは小さいですが、問題は近くに上腸間膜動脈があることで、手術はむずかしいです。抗がん剤をお飲みになって下さい」

と申されました。それを聞いて、『あぁ、それでよかった』と、私は解放されたように思いました。

そしてその後、薬剤師や外来のナースから抗がん剤の飲み方、副作用の丁寧な説明を受けましたが、それを聞きながら、

「ああ、これでは病人になってしまう、私は現在何も病状がなく、毎日妻の作ってくれるおいしい物を食べ、充実感のある時間を過ごしているのだから、それを失いたくない。ましてや自分は最後まで医師として活躍し、倒れるように人生を終わりたいと長く思っていたではないか」

との思いが強くなりました。それで、次の予約の時に、

「先生、せっかく抗がん剤を処方して頂きましたが、よく考え、私はのまないことにしました」

と医師に話しました。

「そうですか。よく考えられて、そう決められたのならそれでよいと思います。この病院には緩和ケアーチームもありますし、緩和ケアー病棟もありますからバックアップ致します」

と言って下さいました。

それから六ヶ月以上、幸いにして私は何の苦痛もなく、診察をしたり、講演をしたり、家族、友人らと出かけたりの楽しい日々を送っています。

もしあの時、手術を受けていたら、まだ足腰の力がもどっていないのではないか、こんなに飲食を楽しめていないのではないか、これでよかったのだと思う一方、時には次の正月が最後の正月だろうと、何となくもの寂しい感じがしないでもありません。

第五章
臨床医学の祖オスラー博士に学ぶ

ウイリアム・オスラー博士とジョンズ・ホプキンス大学

私は一九五九年から一九六五年にかけ、フルブライト留学生としてアメリカに留学しましたが、その間、神経内科の研修医として働いたジョンズ・ホプキンス大学病院の三年間に、同大学病院の初代内科教授だったウイリアム・オスラー博士の生き方、考え方を教えられ、大きな影響を受けました。

実際、私の前著『元気にすごそう高齢期』と、この『ハッピーエイジングのすすめ』で提唱した健康法、あるいは医療に対する考えはその時に教えられたものを土台とし、私が長く医師活動をしてきた間に身につけたものなので、ここでオスラー博士について記し、また、博士が四十才から五十五才の円熟した十五年間をすごしたからこそ、今もアメリカ医学の一つの中心となっているジョンズ・ホプキンス大学を皆さんにご紹介したいと思います。

ウイリアム・オスラー博士は一八四九年、日本でいえば明治維新のちょっと前、カナダの寒村で生まれた人で、父親がイギリスから来た宣教師だったこともあり、初めは神学校に入学しています。しかし、生物、とくに動物に関心をもつようになり、医師をめざして医学校に移りました。そして熱心に勉強にはげみ、モントリオールのマギル大学を卒業、そのまま同大学で病理学、内科学の講師になりました。

その積極的な医学活動はアメリカでも知られるようになり、アメリカのペンシルバニア大学に引き抜かれ、さらには当時理想的な医

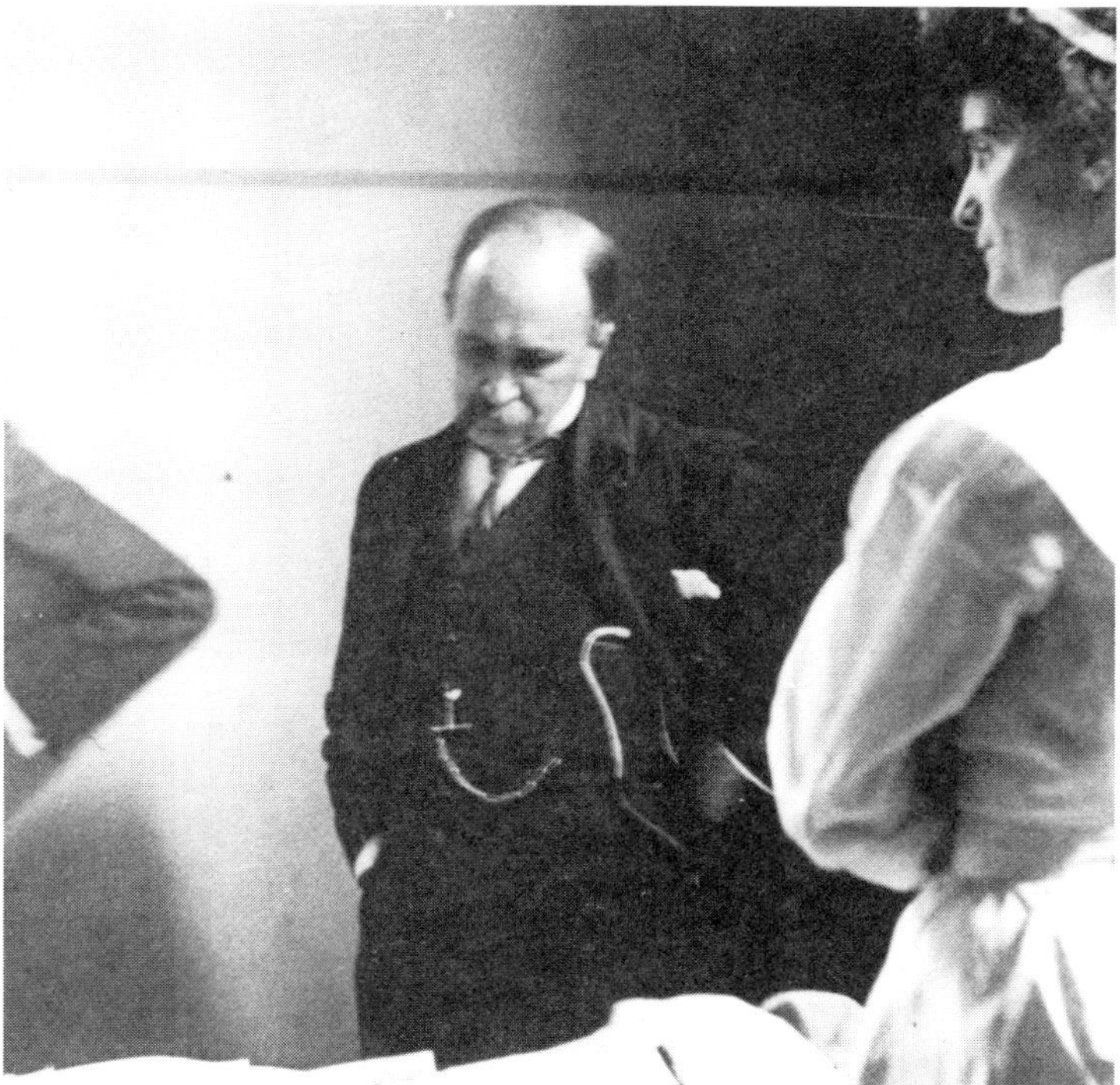

ウイリアム・オスラー博士

マギル大学、ペンシルバニア大学、ジョンズ・ホプキンス大学、オックスフォード大学の教授を勤め、カナダ、アメリカ、イギリスの臨床医学の発展に多大な貢献をしました。

学校を新しくつくりたいと人探しをしていたダニエル・ギルマン博士の目に止まり、ジョンズ・ホプキンス大学へ招へいされたのでした。

この、ギルマン博士という人も、大学開校後二十五年に亘り総長をつとめ、ジョンズ・ホプキンス大学の発展に力を発揮した人です。

さて、オスラー博士はジョンズ・ホプキンス大学の初代内科教授に就くと病人の診察を熱心に行い、学生達にも病人から学ぶことの大切さをくり返し教えています。

「患者さんの言葉に耳を傾けなさい。彼はあなたに診断を教えていますよ（Listen to the patients. He is telling you the diagnosis.）」

などの言葉は、現在いろいろな検査法ができ、とかく病人の話を聞かないでも検査さえすれば何でもわかると思う人が多くなっているだけに、貴重な教訓だと思います。

オスラー博士は同じように、

「人生は習慣です（Life is a habit.）、良い習慣を身につけることが良い人生を生きるためにとても重要です」

などと述べ、人間としての生き方についても指導的発言を重ねました。博士は長く独身を通し、日夜、勉学・診療にはげみ、世界で初めての本格的内科教科書を著してもいます。

私は一九五八年に医学部を卒業して、すぐ東京都立川市にあった米空軍病院で一年間インターンをつとめましたが、その時に病理学を教えてくれたジェラルド・スペアー医師がジョンズ・ホプキンス大学の出身で、私たち日本人インターンにクリスマスプレゼントとしてオスラー博士がエール大学でおこなった講演を小冊子にしたものをくれました。

ジョンズ・ホプキンス大学

ジョンズ・ホプキンス大学は米国メリーランド州ボルティモアに本部をおく私立大学です。1876年に実業家ジョンズ・ホプキンスの遺産を基に、世界初の研究大学院大学としてして設立されました。また、公衆衛生大学院（School of Public Health）が初めて設置されたのもこの大学です。

創立者のジョンズ・ホプキンスは、熱心なクエーカー教徒で生涯独身をまもり、質素な生活をしてお金を貯め、その半分で病院を、半分で大学をつくってほしいとの遺言を残し亡くなりました。その後友人たちが、初代学長ダニエルギルマンを含む設立委員会をつくり、高い理念をもって病院と学校をつくる努力をし、ハーバード大学、エール大学、ペンシルバニア大学などとともに、アメリカ東部を代表する医学校につくり上げたのです。

本大学の初代内科教授となったオスラー博士は、医師教育は病人のベッドサイドで行われるべきだという信念をもって、研修医制度を同大学で始め、成功させました。

『A Way of Life（一つの生き方）』という題で、「過去の失敗などにいつまでもとらわれず、また、先のことを憂うことなく、現在の仕事に全力をつくしなさい」という、自分の人生哲学を披露したものですが、私はこれを人生の指針として大切にしてきました。

そのほか、毎夜寝る前に古典文学を読みなさいなど、読書を通じて人間としてあるべき姿を学ぶことをすすめたり、「平静の心」という題で日野原重明先生が日本語訳を著しておられるような本を通じて、心の落ち着きの大切さをすすめたりしています。

オスラー博士は結局アメリカで大多忙となり、五十五才の時イギリスのオックスフォード大学へ移ることになりましたが、彼の残した大きな影響でジョンズ・ホプキンス大学はその後も病人によりそった医療、献身的な仕事などを推進し、世界的に高い信頼を受ける大学へ発展しました。大学はＮＩＨというアメリカの医学研究を統括する政府機関から最高額の研究費を受けていますし、病院もベストホスピタルに長く連続して選ばれています。

私もそこで学ぶことを許された一人として、終生良い生き方、良い医療の推進に力を尽くすことが責務と考えています。

本多虔夫（ほんだ まさお）
昭和8年、東京生まれ。昭和33年慶応義塾大学医学部卒業。米国空軍立川病院でインターンの後、フルブライト奨学生として米国留学、ジョンズ・ホプキンス大学で病理学、内科学、神経内科学を学ぶ。昭和40年帰国後、横浜市立病院勤務、市立友愛病院長、市立市民病院長、市立脳血管医療センター長を歴任。現在横浜舞岡病院勤務。ライフプランニングセンター評議員。昭和50年慶応義塾大学より医学博士授与。平成28年、「高齢生活研究室」を設立。代表に就任。高齢期を元気に、楽しく過ごすための講演を行っている。
著書に「神経病へのアプローチ」、「良き臨床医をめざして」、「元気ですごそう高齢期」など。

ハッピーエイジングのすすめ

平成28年2月25日発行
著者／本多虔夫
発行者／今井恒雄
発行／北辰堂出版株式会社
発売／株式会社展望社
〒112-0002 東京都文京区小石川3-1-7 エコービル202
TEL:03-3814-1997 FAX:03-3814-3063
http://tembo-books.jp
印刷製本／新日本印刷株式会社

ISBN 978-4-86427-204-9 定価はカバーに表記

本書の著者、本多虔夫先生を代表として「高齢生活研究室」（略称Ｓ．Ｌ．Ａ）がスタートしました。

高齢になっても最後まで自分らしい生活をしたいと願う人たちに、学びの場を提供する非営利任意団体です。年に５〜６回定期的に講演勉強会を開催致します。

くわしくは下記にお問い合わせ下さい。

【高齢生活研究室】
〒 162-0801　東京都新宿区山吹町 364 SY ビル（北辰堂出版内）
TEL：03-3269-8161 ／ FAX：03-3269-8140